CENTENAIRE DE LA PROCLAMATION DE LA RÉPUBLIQUE

FÊTE NATIONALE

DU 22 SEPTEMBRE 1892, AU MANS

I. IN MEMORIAM. — Par M. Léon GUYON.

II. Visite au Monument du Conventionnel RENÉ LEVASSEUR.

III. Discours de M. A. RUBILLARD, maire du Mans.

IV. Lettre de M. LE MONNIER, sénateur de la Sarthe.

V. Discours de M. Léon GUYON, conseiller municipal du Mans.

LE MANS

ASSOCIATION OUVRIÈRE DE L'IMPRIMERIE DROUIN

5, RUE DU PORC-ÉPIC, 5

1892

IN MEMORIAM

I

La municipalité républicaine du Mans, à l'occasion de la célébration du Centenaire du 21 septembre 1792, a pris une détermination qui lui fait le plus grand honneur. Elle a pensé qu'elle ne pouvait mieux affirmer de son respect profond et raisonné pour cette grande Convention dont la patriotique énergie détruisit toutes les entraves opposées jusqu'alors à la libre expansion de l'esprit humain, qu'en rendant un hommage éclatant à la mémoire de ceux de nos concitoyens qui eurent la gloire de décréter, il y a un siècle, que la royauté était abolie !

Ce fut le 21 septembre 1792, à midi un quart, que les députés de la France à la Convention Nationale se réunirent dans la salle du palais des Tuileries où avait précédemment siégé l'Assemblée législative. Là, après quelques décisions préliminaires, parmi lesquelles une émanant de Philippeaux, député de la Sarthe, demandant de maintenir en fonctions toutes les autorités existantes afin « de donner aux organes de la loi « toute la force qui leur est nécessaire « pour maintenir la tranquillité publi- « que », — Collot d'Herbois se leva :

« Vous venez de prendre, dit-il, une « délibération sage ; mais il en est une « que vous ne pouvez remettre à de- « main, que vous ne pouvez remettre à « ce soir, que vous ne pouvez différer « un seul instant sans être infidèles au « vœu de la nation, c'est l'abolition de « la royauté. »

A ces mots, tous les membres de la Convention, par un mouvement spontané, affirmèrent par des acclamations unanimes, leur haine contre cette royauté qui avait causé tant de maux à la patrie. Un instant, Bazire chercha à restreindre cet enthousiasme en déclarant qu'une décision de cette importance méritait une discussion solennelle.

CENTENAIRE DE LA PROCLAMATION
DE LA RÉPUBLIQUE

FÊTE NATIONALE

DU 22 SEPTEMBRE 1892, AU MANS

LE MANS

ASSOCIATION OUVRIÈRE DE L'IMPRIMERIE DROUIN

5, rue du porc-épic, 5

1892

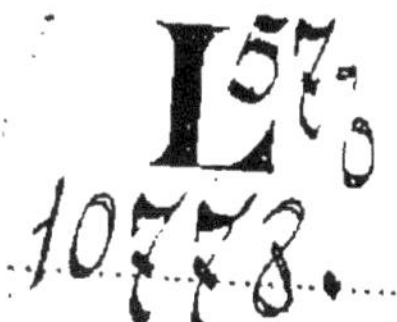

Mais un prêtre, l'abbé Grégoire, alors curé d'Embersménil, répliqua : « Eh ! « qu'est-il besoin de discuter quand tout « le monde est d'accord ? Les rois sont « dans l'ordre moral ce que les mons- « tres sont dans l'ordre physique. Les « cours sont l'atelier des crimes et la « tanière des tyrans. L'histoire des rois « est le martyrologe des nations. Dès « que nous sommes tous également pé- « nétrés de ces vérités, qu'est-il besoin « de discuter ? »

La discussion fut close et l'abolition de la monarchie votée à l'unanimité.

Les députés de la Sarthe qui prirent part à ce vote solennel se nommaient : Boutroux, Froger, Le Chevalier, Letourneur, Levasseur, Philippeaux, Primaudière, Richard, Salmon, Sieyès.

II

Nous avons voulu, à l'occasion de la célébration de ce grand centenaire, publier les noms de nos dix concitoyens qui eurent l'honneur de prendre part à ce vote, dont le résultat eut tant d'influence sur la gloire et la prospérité de notre patrie.

Grâce à une réaction implacable qui s'est acharnée sans relâche sur les conventionnels, depuis le 26 octobre 1795, date à laquelle la Convention nationale termina ses gigantesques travaux, jusqu'à nos jours, une sorte de réprobation inqualifiable a pesé sur ces hommes de bien qui acceptèrent sans hésitation le terrible mandat que leur confiaient leurs concitoyens, et qui firent à la Patrie le sacrifice de leur fortune et de leur vie.

« **Périsse notre nom, mais que la France soit sauvée !** » avaient-ils dit. Que leur importait les calomnies dont nobles, prêtres et renégats les ont accablés ? Ils avaient juré de repousser l'invasion des rois de l'Europe appelés par les suppôts de l'ancien régime ; ils voulaient la France libre et glorieuse. Ils ont tenu leur serment. Ils pouvaient donc attendre sans crainte le jugement de la postérité.

Mais plus de quarante années devaient s'écouler avant que la voix de l'histoire osât se faire entendre ; et lorsque nos grands historiens, Léonard Gallois, Louis Blanc, Michelet, Esquiros, Quinet, ont enfin imposé silence à tous les aboyeurs cléricaux et royalistes, déjà plusieurs générations de Français avaient fourni au monde ce triste spectacle : — Des fils maudissant et reniant la mémoire de leurs pères qui avaient vaillamment lutté pour leur conquérir le droit d'être libres !

III

De tous les conventionnels de la Sarthe, René Levasseur a été celui que la réaction thermidorienne, impériale, légitimiste et cléricale a le plus poursuivi de sa haine.

Certes le rôle de Levasseur, à la grande Assemblée, a été plus prépondérant que celui de la plupart de ses collègues sarthois, surtout dans les missions qui leur furent confiées aux armées, et ce motif serait plus que suffisant pour expliquer cet acharnement, mais ce fut surtout à la rectitude dont il ne se départit jamais dans l'accomplissement de son mandat, qu'il faut attribuer cette haine réactionnaire. « Nommé député à « la Convention nationale par l'arrondis- « sement de Saint-Calais, » nous dit M. Hippolyte Lecornué, « Levasseur accepta « cet honorable et difficile mandat, en « promettant à ses commettants de re- « venir pauvre après qu'il l'aurait rem- « pli. Levasseur a tenu sa parole. »

Rien de plus vrai et aussi rien de plus noble. Cependant les électeurs de la Sarthe n'avaient pas seulement envoyé Levasseur à la Convention, pour mettre son désintéressement à l'épreuve. Ils l'avaient surtout chargé d'accomplir une œuvre républicaine, en abolissant la royauté et en dotant la France d'institutions démocratiques — et une œuvre patriotique, en défendant le sol sacré de la patrie contre ses envahisseurs.

Dès son entrée à la Convention, Levasseur fut prendre place dans les rangs de la Montagne, où, sans s'inféoder à aucune faction, il sut, par la droiture et l'indépendance de son caractère, conquérir l'estime de tous. « Je n'étais « l'homme d'aucun parti : Robespierre « et Danton m'étaient inconnus aussi « bien que Brissot et Guadet », a-t-il écrit dans ses *Mémoires*. « J'étais répu- « blicain et je pensais que la crise qui « se préparait avait besoin des plus « énergiques volontés. Telle était toute « ma profession de foi politique. »

Jamais Levasseur n'a dévié de cette ligne de conduite. Aussi ne voulut-il pas se condamner à rester à son banc, *à vivre*, ainsi que l'avoua plus tard avec cynisme son collègue Sieyès, « ce froid « logicien, cachant sous une enveloppe « de glace une ambition dévorante. » Il était homme d'action plutôt que tribun, et comme à son énergie extraordinaire il joignait une honnêteté et un tact irréprochables, les membres du Comité de Salut public n'hésitèrent pas à l'appeler pour le charger de la mission la plus dangereuse et la plus importante qui fût jamais confiée à un représentant du peuple.

IV

La situation de la France était alors (août 1793) des plus critiques. « Tout le « Midi embrasé, le long des frontières, « les armées de l'Europe refoulant la « France sur elle-même, l'enveloppant, « et, au cœur, une guerre à mort : la « Vendée..., c'était à mourir d'épou- « vante », dit Louis Blanc. Pour compléter ce sombre tableau, ajoutez des menaces de révolte à l'armée du Nord, dont le général en chef, Custine, venait d'être arrêté pour cause d'impéritie — de trahison peut-être.

Carnot, entré depuis peu au Comité de Salut public, mande aussitôt Levasseur et lui dit : « L'armée du Nord est en pleine révolte ; il nous faut une main ferme pour étouffer la rébellion, c'est toi que nous avons choisi. » — « Levas- « seur était chirurgien », dit Louis Blanc ; « avec une âme fortement trempée et le « goût des armes, il n'avait nul manie- « ment du soldat, il était, en outre, « de petite taille ; c'est ce qu'il pria

« Carnot de considérer. Mais celui-ci : « — La fermeté de ton caractère et ton « dévouement pour la République nous « répondent de tout. — Eh bien ! j'ac« cepte. Quand faut-il partir ? — De« main. — Je serai prêt. Et mes ins« tructions ? — Elles sont dans ta tête « et dans ton cœur. Tes pouvoirs sont « illimités. Pars et réussis. »

Arrivé au camp, Levasseur fait venir le général Kilmaine. « Vous allez me faire passer devant les lignes », lui dit-il. Le général obéit. Mais point d'honneurs militaires. « Général, pourquoi ne bat-on pas aux champs ? » Les tambours battent et les trompettes sonnent. Levasseur passe devant une enseigne. Point de salut. « Nouvel oubli, général ! » Les drapeaux s'inclinent. Il fait former le bataillon carré, se place au centre et d'une voix forte : « Soldats de la République, le Comité de salut public a fait arrêter le général Custine.... » Un cri terrible l'interrompt : « Qu'on nous le rende ! » Lui, sans s'émouvoir, fait le signal d'un roulement, les tambours battent et les clameurs cessent : « Général, faites ouvrir les rangs ». Et le voilà qui parcourt la ligne, l'œil en feu, la pointe du sabre basse, prêt à étendre à ses pieds quiconque prononcera le nom de Custine. Les soldats contemplaient, immobiles, comme pétrifiés d'étonnement, cet homme qui, seul, venait braver dans son camp toute une armée. Il reprit : « Si Custine est innocent, il vous sera rendu, sinon, point de grâce pour les traîtres. Je suis votre chef, vous me devez une obéissance aveugle. Pardon et oubli à qui respectera la voix d'un représentant du peuple. Malheur à qui la méconnaîtra ! »

L'armée resta silencieuse. La sédition était domptée.

Grâce à l'énergie que ce petit chirurgien de province avait su puiser dans sa foi républicaine et dans son patriotisme, la mission dont le Comité de salut public l'avait chargé, réussissait de tous points : il avait rendu à la France une de ses plus vaillantes armées et assuré la défense des frontières.

V

Nous ne suivrons pas Levasseur dans toutes les missions que lui confièrent après son retour de celle à l'armée du Nord, les membres du Comité. Ce serait trop nous écarter des bornes qui nous sont tracées. Disons seulement que partout où était nécessaire la présence d'un représentant capable d'entraîner les troupes par son énergie et son courage, ou de calmer et diriger les esprits lorsqu'il s'agissait de prendre une décision importante, le Comité de Salut public envoya toujours Levasseur. Autant le conventionnel sarthois s'abandonnait à sa fougue, lorsque le canon grondait, autant il devenait grave et réfléchi au moment de prendre une résolution. Au lendemain de la revue à l'Armée du Nord, des fonctionnaires zélés lui signalèrent des officiers suspects dont il fallait sans retard débarrasser l'armée, disaient-ils. — Nous verrons cela, leur répondit Levasseur. Il prit les rapports et les brûla. « Avec ce système, j'eusse fait à la République des ennemis de ceux qui devaient la défendre et l'étranger en eût profité... » dit-il dans ses *Mémoires.*

Aussi les faux patriotes le haïssaient-ils plus encore que nos ennemis le respectaient et l'admiraient. Le grand historien anglais, Carlyle, a tracé du montagnard Levasseur un portrait qui mérite être reproduit :

« Rien n'est plus digne d'admiration que ces commissaires de la Convention auxquels est confié un pouvoir plus que royal, dit Carlyle. A vrai dire ne sont-ils pas tous des rois choisis parmi les 743 rois de la Convention avec cet ordre : « Fais ton devoir ! »

« Le représentant Levasseur, de petite taille, paisible médecin-accoucheur par état, a des révoltes à apaiser, des fous à dompter, et il va tout seul au milieu d'eux, ce petit représentant — petit de taille mais aussi dur que la pierre à fusil et comme elle portant en lui une étincelle de feu sacré ! — Ainsi, à Hondschotte, tard dans l'après-midi, il déclarait que la bataille n'est pas perdue, qu'elle doit être gagnée.

« Et il se bat comme un lion, tout accoucheur qu'il est ! Son cheval est tué sous lui, n'importe ! il combat à pied, dans l'eau jusqu'à mi-corps, bravant tout, en intrépide représentant du peuple qu'il est. Naturellement, Sa Royale Hautesse d'York n'a plus qu'à fuir au galop ! dans la crainte d'être engloutie ; son siège de Dunkerque devient un rêve. Il n'y a de réel que la perte de sa belle artillerie et celle de braves existences... »

Un tel éloge écrit par un ennemi, est le plus bel hommage qu'un homme puisse espérer.

VI

Levasseur était en mission à l'armée de Hollande, à l'époque du 9 thermidor. Il ne prit donc aucune part à la lutte qui se termina par la victoire des Girondins alliés aux Royalistes. S'il avait été à la Convention, il se fût certainement opposé au triomphe de ces intrigants qui allaient tuer la République. Mais dans la crainte d'affaiblir l'armée, il lui adressa une proclamation énergique dans laquelle il lui rappela que les luttes politiques devaient la laisser indifférente, qu'une seule pensée devait la préoccuper : la gloire de la France et l'anéantissement de ses ennemis !

De retour de cette mission, Levasseur reprit sa place au sommet de la Montagne que tant d'habiles et de pusillanimes avaient abandonnée. Orateur inconnu jusqu'à ce jour, il se prodigua alors pour défendre la République et ses amis menacés. « Nous étions une trentaine de « patriotes », écrit simplement Levasseur, « décidés à donner notre vie « pour nos principes. »

Proscrit à son tour pour avoir défendu des proscrits, Levasseur ne sortit de prison que pour assister aux dernières séances de la Convention.

VII

Revenu au Mans plus pauvre qu'il n'en était parti, l'ex-conventionnel se remit courageusement au travail pour faire vivre sa femme et ses enfants. La haine de ses ennemis ne l'oublia pas. A la prise du Mans par les chouans, en octobre 1795, sa maison fut pillée et lui-même dut chercher un refuge dans l'ancien couvent de la Visitation. La tranquillité rétablie, Levasseur reprit ses fonctions de chirurgien en chef de l'hospice, mais après la proclamation de l'empire, le préfet Auvray s'empressa de le faire révoquer. En 1815, à la rentrée des Bourbons, son infâme collègue à la Convention, Fouché, de Nantes, n'hésita pas à le comprendre sur la liste d'exil dressée par lui, comme régicide. Arrêté par le général Tilman, il fut conduit prisonnier à Cologne, et lorsqu'il fut rendu à la liberté, il vint s'établir à Bruxelles où bientôt on lui confia la chaire de chirurgie.

Après la Révolution de 1830, Levasseur rentra en France et s'installa une fois de plus dans cette ville du Mans qu'il aimait tant. Il avait alors 83 ans. Mais les années n'avaient affaibli ni son intelligence ni sa foi républicaine. « Une époque viendra », écrivait-il peu de temps avant sa mort, « où la démo-« cratie sera le seul gouvernement pos-« sible ; alors on saura apprécier les tra-« vaux de la Convention, qui peut-être a « eu le tort de devancer son siècle et de « vouloir trop tôt le bien, mais qui a du « moins eu le courage de ne point recu-« ler devant l'application de ce qu'elle « regardait comme la vérité. »

Levasseur est mort au Mans le 17 septembre 1834. Il avait 87 ans et 5 mois. Sentant la mort venir, il avait prié plusieurs de ses amis de ne pas l'abandonner à son heure suprême, tant il redoutait de voir les prêtres s'approcher de son lit de mort. Ses amis étaient accourus et se tenaient debout autour de lui, dans un silence respectueux.

Le vieux régicide fixait sur eux ses regards, sans prononcer une parole.

Tout à coup une sorte de tremblement nerveux s'empara de tout son corps,ses yeux se voilèrent. C'était l'annonce de la mort. Alors son ami Lecornué qu'il avait choisi comme exécuteur testamentaire s'approcha, et lui prenant la main :

— Levasseur, dit-il, l'instant est solennel, dans quelques minutes vous allez entrer dans l'éternel repos. Dites-nous : Avez-vous jamais regretté votre vote du 17 janvier 1793 ?...

A ces mots, le moribond se ranime, ses yeux brillent d'un éclat extraordinaire et serrant de ses deux mains la main de Lecornué :

— Mon ami, dit-il d'une voix ferme, j'ai souvent réfléchi à cet acte qui fut l'un des plus importants de ma vie, eh bien ! à l'instant suprême je le dis sans hésiter : si j'avais encore à voter la mort de Louis XVI, je la voterais des deux mains !

Puis il étendit les bras et retomba sur son lit... Il était mort.

VIII

Tel a été l'homme à qui la municipalité républicaine du Mans est allée rendre hommage le 22 septembre. C'est par cette cérémonie patriotique qu'elle a inauguré sa Fête nationale. C'est un devoir auquel elle ne pouvait manquer, non seulement pour honorer la mémoire d'un concitoyen qui a tout sacrifié à la gloire et à la prospérité de son pays, mais encore pour réparer l'infamie commise en janvier 1852 par les complices du coup d'Etat, sur la tombe du conventionnel Levasseur.

Dans la nuit du 21 janvier 1852, des misérables pénétrèrent, par ordre de l'autorité, dans le cimetière et mutilèrent cette tombe. Ils n'osèrent pas d'abord avouer leur forfait, mais huit jours plus tard, ces prétendus protecteurs de la famille et de la propriété se décidèrent enfin à faire insérer dans l'*Union de la Sarthe* la note que le

Petit Manceau a reproduite dans son numéro du 18 janvier dernier (1).

Jusqu'en 1869, aucune protestation ne put se produire. A cette époque, Benjamin Gastineau, alors rédacteur du *Courrier de la Sarthe*, demanda formellement que la tombe mutilée du vieux conventionnel fût réparée. Sa réclamation, bien entendu, resta sans réponse.

Plus tard, le 19 août 1876, notre ami, Alphonse Leporché, aujourd'hui sénateur de la Sarthe, eut l'honneur de déposer devant le Conseil municipal du Mans la proposition suivante :

« Attendu que si le conseil municipal « de la ville du Mans n'a jamais refusé « de s'associer aux hommages que d'au- « tres villes ont voulu rendre à de grands

(1) Voici cette note :
« L'autorité vient de faire enlever les emblèmes « et les inscriptions révolutionnaires qu'on remar- « quait sur plusieurs tombes au cimetière. Le « triangle égalitaire qui surmontait la pyramide « élevée sur la tombe du conventionnel Levasseur « a été abattu et on a fait effacer les mots : « *Droits de l'Homme*, qu'on lisait sur une des « faces de la même pyramide. » (*Union de la Sarthe* du 29 janvier 1852.)

« citoyens, nés dans leurs murs, il doit « s'intéresser plus encore à ceux que le « département de la Sarthe a produits « ou qui l'ont représenté ;

« Attendu que la tombe du convention-« nel Levasseur (de la Sarthe), située « au grand cimetière de la ville, après « avoir été respectée depuis 1834 jus-« qu'en 1851, a été indignement violée, « après le Coup d'Etat, par ordre d'un « préfet de l'empire, qui a fait arracher, « malgré les protestations de la famille, « les attributs, ornements et bas-re-« liefs ;

« Le conseil municipal de la ville du « Mans, voulant protester contre cette « violation de sépulture et rendre un « hommage posthume à la mémoire « d'un des plus énergiques représen-« tants de la Sarthe à la Convention na-« tionale ;

« Vote une somme de cent francs qui « devra être employée à rétablir en son « primitif état la tombe du convention-« nel Levasseur (de la Sarthe).

« A. Leporché. »

Le conseil d'alors, grâce surtout à l'opposition de M. Gasnier, refusa de voter la modeste somme réclamée par notre ami.

Plus heureux que Leporché, nous avons pu, à la séance du 3 avril 1889, faire adopter, par la majorité du conseil municipal, une proposition décidant que le nom de **René Levasseur** serait donné au nouveau boulevard partant de la place de la République pour gagner la place de la Préfecture, et, en janvier dernier, un de nos collègues a obtenu qu'une somme de 365 francs serait allouée par la ville pour réparer la tombe mutilée le 21 janvier 1852.

Quarante ans devaient s'écouler avant que cette iniquité fût effacée !...

IX

Qu'il nous soit permis en terminant de rappeler un fait qui nous est entièrement personnel mais qui ne sera pas de trop, croyons-nous.

Le lendemain de la séance où notre proposition relative au boulevard Levasseur fut adoptée, nous adressâmes à notre vieux et respecté ami Félix Pyat, copie de notre rapport avec une lettre dans laquelle nous disions : « Il y a « soixante ans, alors que vous étiez étu- « diant à Paris, vous avez eu l'honneur « d'être le premier qui ayez porté un « toast à la Convention nationale de- « puis la Révolution française ; hier, « j'ai probablement eu la chance d'être « le premier qui ait présenté à un con- « seil municipal et fait adopter par lui « une proposition tendant à donner à une « rue le nom d'un conventionnel. C'est « un progrès. »

Le jour suivant, le vieux républicain répondait :

« Merci et bravo, cher ami. Reçu, lu et « applaudi ! Vous avez fait bon discours « et bonne action, et réussi ! trois fois « bravo et merci. Voilà donc, grâce à « vous et aux huit nobles citoyens qui « ont dignement voté pour vous au con- « seil, justice rendue à un des conven- « tionnels les plus méritants de leur « pays. Mon toast d'étudiant en 1829, « n'a pas eu la même chance que votre « discours de conseiller en 1889 ; mais « il avait même tendance : honorer les « pères pour enseigner les fils !

« Félix Pyat. »

Le 22 septembre, c'est également pour enseigner aux jeunes générations le respect qu'elles doivent avoir pour ces glorieux ancêtres qui ont tout sacrifié pour conquérir à leurs fils le droit de vivre en hommes libres, que la municipalité du Mans est allée rendre hommage, sur sa tombe restaurée, à la mémoire de René Levasseur ; c'était dans un but aussi louable qu'à la distribution des prix du lycée le 29 juillet 1889, M. le préfet de la Sarthe eut l'heureuse inspiration de faire l'apologie des commissaires de la Convention et surtout de notre compatriote René Levasseur.

Est-ce donc seulement lorsqu'il s'agit d'honorer les morts que l'union peut se faire parmi les vivants ?...

LÉON GUYON.

LE

22 SEPTEMBRE AU MANS

Au Cimetière

La manifestaton républicaine du 22 septembre a été imposante. Une foule énorme avait tenu à rendre un hommage éclatant à la mémoire du conventionnel Levasseur.

A 9 heures, le cortège se forme dans la cour de la mairie. Il est précédé de la musique municipale des sapeurs-pompiers, — dont l'uniforme tout flambant neuf excite vivement la curiosité du public. — Les pompiers forment la haie.

M. Rubillard, maire du Mans, MM. Courboulay, Guibert et Brulé, adjoints, ceints de l'écharpe municipale, sont à la tête du cortège. Ils sont suivis de la majorité républicaine du conseil tout entière — la droite, même le *rallié* Vilfeu, s'est abstenue. — De nombreuses délégations de sociétés viennent ensuite. Nous notons au hasard la loge les *Amis du Progrès*, la *Libre-Pensée*, les *Anciens militaires de la Sarthe*, la *Chorale*, *l'Orphéon*, *la Fraternelle*, *l'Association des anciens élèves de St-Pavin*, *etc...*

Le cortège se rend au cimetière en traversant les rues St-Dominique, Marchande, Dumas, place de la République, rue Gambetta, quai Ledru-Rollin, rue du Pré, place St-Germain et rue de Beaulieu. Une foule considérable est massée sur tout le passage.

Nous voici au pied du monument de René Levasseur. Deux couronnes en perles noires avec rubans tricolores, offertes par les *Républicains du Mans* et les *Anciens militaires*, et deux triangles d'immortelles, de la loge *les Amis du Progrès* et de la *Libre-Pensée* sont déposés sur la tombe. Toute la foule est respectueusement découverte.

Les tambours battent au champ. M. Rubillard gravit l'estrade :

Discours de M. Rubillard

« Le gouvernement républicain de la France a voulu que le centenaire de la proclamation de la République Française fût nationalement fêté. Le 22 septembre 1892 sera célébré avec une solennité exceptionnelle par la nation française.

« Quoi de plus logique ? Quoi de plus patriotique ?

« Quoi de plus logique, aujourd'hui qu'après 80 années de tâtonnements et d'essais souvent malheureux, funestes et chèrement payés ; après tant de mouvements en avant, suivis de périodes de recul, tant de retours successifs à la monarchie sous toutes ses formes : dictature, empire, royauté de droit divin ! royauté constitutionnelle et bourgeoise, la démocratie française s'est enfin ressaisie et depuis 20 ans, avec une énergie persistante, a définitivement constitué, sur d'inébranlables bases, le gouvernement du peuple par le peuple, le gouvernement républicain inauguré, proclamé par nos pères, il y a cent ans, le 22 septembre 1792 (Applaudissements).

« Quoi de plus patriotique, si l'on considère que 1792 est non seulement la date de l'avènement du peuple arraché à l'esclavage, de l'ère de la liberté succédant à des siècles de domination tyrannique, du socialisme vrai résumé dans la sublime devise : Liberté, Egalité, Fraternité ; mais que 1792 est aussi la date de cette explosion d'enthousiasme patriotique, si féconde en prodiges et qui sauva la France (Bravos).

« Enthousiasme patriotique, souffle puissant de la liberté qui entraînèrent vers nos frontières envahies les masses républicaines, soldats sans instruction, sans préparation, mal vêtus, mal armés, mais ayant à leur tête leurs représentants, et commandés par des héros animés, comme eux, par un patriotisme sublime et par l'enthousiasme de la liberté, seuls capables d'enfanter de tels miracles ; une armée de « sans-culottes », marchant pieds nus à l'ennemi et triomphant des soldats aguerris de l'Europe entière coalisée contre la France ; « un peuple libre combattant des millions d'esclaves », les écrasant et portant jusque dans leurs rangs l'esprit révolutionnaire auquel il doit sa récente émancipation (Applaudissements répétés.)

« Mais, nous dira-t-on, le sublime élan de 1792 eut son lendemain, 1793, la

Terreur, tous ses excès, toutes ses horreurs auxquelles prirent une large part les hommes dont vous vantez le patriotisme et la bravoure...

« Cela est vrai. Loin de nous la pensée de glorifier, de justifier même des faits à jamais regrettables,si dénaturés, si exagérés même qu'ils aient été par des écrivains, la plupart victimes échappées à la Terreur, et qui, ne pouvant se soustraire à leurs justes ressentiments, alors même qu'ils ont été sincères dans le récit des faits, ont souvent été injustes dans l'appréciation de leurs causes et des intentions qui les ont dictés.

« Soyons sévères, mais soyons justes envers des hommes qui, dans des circonstances si exceptionnelles, en présence d'une résistance insensée, d'une trahison flagrante, suivie de l'invasion de l'étranger, ont poussé jusqu'au crime le fanatisme patriotique et l'enthousiasme de la liberté, des hommes qui, au milieu même de la bataille, s'écriaient : « Maudite soit notre mémoire, pourvu que la République triomphe et que la Patrie soit sauvée » (Applaudissements).

« Qu'il nous soit donc permis de nous placer à ce point de vue pour apprécier de tels hommes, pour blâmer et regretter les excès, et rendre justice aux hautes vertus pratiquées, aux éclatants services rendus. En rendant justice aux hommes, nous rendrons justice à cette gigantesque époque qui fut, tout à la fois, celle de nos malheurs et celle de nos triomphes, et n'oublions pas qu'à ces grands coupables tant décriés, tant calomniés, nous sommes redevables, et de l'indépendance du territoire, et des bienfaits de la Révolution (Applaudissements).

« Parmi ces hommes, l'un d'eux, René Levasseur, fut notre concitoyen.

« Né au Mans, le 27 mai 1747, Levasseur dont le père était un modeste « tailleur d'habits » exerça la profession de « médecin-accoucheur » jusqu'au moment où, en septembre 1792, il fut envoyé siéger à la Convention nationale par l'assemblée électorale de la Sarthe, réunie à Saint-Calais.

« Longtemps avant la Révolution même, son dévouement aux doctrines libérales, son désintéressement personnel, les sacrifices faits à ses convictions l'avaient signalé à ses concitoyens. Lorsque éclata le grand mouvement de 1789, ils le nommèrent « *officier municipal* ».

Pendant deux ans, il exerça ces fonctions moins honorifiques que délicates et dangereuses à cette époque déjà tourmentée ; et pendant deux ans, en butte aux haines des aristocrates, en dépit des difficultés particulières créées par la disette dont la ville du Mans eût tant à souffrir, Levasseur sut maintenir l'ordre tout en restant fidèle à la cause de la liberté ; et plus d'une fois, au péril de sa vie, montrant la même énergie pour la défense de l'opprimé quel qu'il fût que pour la protection du faible et la punition du coupable.

« C'est ainsi que Levasseur, aimé des patriotes autant que détesté des aristocrates qui ne pouvaient cependant lui refuser leur estime fut, par le suffrage de ses concitoyens, envoyé siéger à la Convention.

« Ses convictions profondes, exclusives de toute ambition personnelle, le salut du peuple que seul il avait en vue au début de la terrible lutte, marquaient la place du représentant sarthois; dès son arrivée, il alla siéger à la Montagne.

« Eloquent à son heure, en face du danger, Levasseur était homme d'action avant tout. Son énergie se manifesta par des actes plus que par des paroles. Il était de ceux qui proclamaient que pour sauver la Patrie si cruellement menacée au dehors et au dedans, les beaux discours et les théories constitutionnelles allaient être insuffisants.

« Et si l'examen de sa carrière législative, si les votes émis par Levasseur, si les rares discours prononcés par lui à la tribune sont empreints de la même logique, de la même inflexibilité de principes, s'ils sont dictés toujours par le même esprit républicain, par le même amour du peuple et surtout par le patriotisme le plus pur et le plus exalté, c'est cependant à la face de l'ennemi de la Patrie, c'est aux armées, c'est au feu que Levasseur se montra grand. Patriote avant tout, Levasseur devant l'ennemi se montrait éloquent autant que courageux.

« La Convention était en présence d'une coalition, d'une invasion sans exemple dans l'histoire d'aucun peuple. Entourée d'ennemis à l'intérieur, pactisant au dehors avec l'étranger ; trahie par tous les mécontents, jadis bénéficiaires d'un état de choses qu'ils voyaient disparaître à jamais ; sans argent, sans soldats, sans généraux — la plupart d'entre eux avaient émigré ou rejoint l'armée d'invasion — la Convention faisant appel à l'enthousiasme de la liberté avait juré de sauver la Patrie ou de succomber.

« N'ayant foi qu'en elle-même pour une œuvre pareille, elle entendait tout diriger, tout subordonner au pouvoir civil. Les généraux, elle les improvisait, mesurant leur valeur militaire à leur civisme. Du reste, elle décrétait la victoire et ne voulait que des généraux vainqueurs. La gravité de la situation, l'imminence du péril avaient exalté tous les cerveaux ; le patriotisme affolé avait éveillé toutes les susceptibilités, souvent même les plus injustes soupçons. Enfants de la Patrie, les soldats improvisés ne connaissaient guère la discipline et n'étaient soutenus que par leur dévouement à la France, leur amour de la liberté. Vaincre ou mourir, c'était l'unique loi (Applaudissements).

« Ainsi s'explique la subordination du pouvoir militaire au pouvoir civil, en présence même de l'ennemi. Ainsi s'explique la présence du représentant du peuple à la tête même des armées de la République, et la part prépondérante, souvent déterminante, que plus d'un d'entre eux eurent dans des succès inouïs.

« Levasseur fut de ce nombre. Souvent envoyé comme commissaire à la tête des armées, il paya de sa personne et, général improvisé, sut par son énergie, son courage et l'amour sacré de la patrie et de la liberté qui l'inspiraient, suppléer à l'éducation, aux talents militaires qui lui faisaient absolument défaut.

« Quelle scène plus dramatique que celle de son arrivée à Cambrai ? Qu'on se figure une armée en pleine insurrection réclamant à grands cris son général arrêté par ordre de la toute-puissante Convention. Pour la réduire et la soumettre aux volontés du Pouvoir, un homme, un législateur assez obscur, petit de taille, de physionomie vulgaire, sans autre prestige que celui qui s'attache à son titre de Commissaire, muni de pleins pouvoirs. Et cet homme arrive, convoque l'état-major, dicte ses ordres, impose le général de son choix et ordonne qu'on aille au feu. On se regarde, on le mesure, on sourit... mais lui, sans s'émouvoir, fort de cette autorité « que le vœu du peuple rendait seule exécutoire », commande pour le lendemain une revue générale et, méprisant les cris séditieux qui sont proférés à son oreille, il poursuit et accomplit sa mission. En présence de cette fermeté au service de pouvoirs illimités, tout cède, tout s'incline, et l'on est prêt pour le combat.

« C'est ainsi que, ceint de l'écharpe municipale, à cheval, à la tête d'une armée mécontente et commandée par un général découragé, mais secondé par le brave Jourdan, Levasseur sut par sa parole, par son exemple, ranimer les courages et décider enfin de la fameuse victoire d'Hondschoote. (Applaudissements.)

« De retour à Paris, Levasseur donna cours de nouveau à son enthousiasme révolutionnaire ; dans la lutte nouvelle qui s'établit et les divisions qui perdirent la « Montagne », il resta fidèle au Comité de salut public et en présence d'une majorité nouvelle, manifestement hostile, il sembla retrouver une nouvelle énergie pour défendre les patriotes menacés. Ce fut sa perte.

« A son tour, il fut proscrit. Trente années d'exil ont suffi sans doute pour faire expier à Levasseur les fautes commises, mais elles n'ont pu suffire à désarmer les haines soulevées contre la mémoire du conventionnel, encore moins à lui faire abandonner les convictions et les principes qui dictèrent tous les actes de sa vie.

« La Révolution de juillet rouvrit à Levasseur les portes de la France. Il s'empressa de revenir et, ce sera l'honneur de sa vie, Levasseur rentra plus pauvre qu'il était parti. Jeune encore, mais déjà convaincu, il avait sacrifié à ses convictions un héritage certain ; « Périssent les richesses matérielles plutôt qu'un principe philanthropique » avait-il dit. Fidèle à ce principe, il dédaigna, au cours de sa carrière révolutionnaire, toute occasion d'augmenter son patrimoine. Ses convictions sincères, son dévouement absolu au salut du peuple, son désintéressement ne laissaient place dans son cœur à aucun autre sentiment.

« L'oubli de soi-même, l'amour du peuple, l'enthousiasme de la liberté, n'est-ce donc pas assez pour faire pardonner la rigidité des principes poussée jusqu'à l'inflexibilité ?

« C'est alors que Levasseur se décida à publier ses *Mémoires*, rendant compte à ses concitoyens de tous les actes de sa carrière politique, sans dissimulation comme sans forfanterie, sans affectation, sans justification même; en homme qui s'en va avec la conviction d'avoir en toute occasion rempli son devoir et rien que son devoir. Que d'autres moins tolérants, moins cléments ou plus passionnés ne comprennent pas le point de vue auquel se sont placés ces grands revolutionnaires, nous ne nous en étonnons pas ; pour nous, nous ne saurions méconnaître que leur unique but était le salut de la patrie, que leur unique passion était l'amour de la liberté. (Applaudissements prolongés. Bravo ! Bravo !)

« N'est-ce pas assez pour beaucoup leur pardonner ?

« C'est le 18 septembre 1834 que mourut au Mans le vieux conventionnel ; il s'éteignit dans les bras de deux amis fidèles, Lecornué et Pinson, l'un et l'autre fondateurs et rédacteurs du vaillant *Courrier de la Sarthe*.

« C'est par leurs soins que fut élevé à la mémoire de Levasseur le monument simple et modeste au pied duquel nous sommes réunis. Leur respect pour la mémoire de leur vieil ami, leur piété filiale avaient, voulu que sur les faces de cette pyramide fussent gravés les emblèmes de la Maçonnerie dont Levasseur fut le disciple fervent, et du pouvoir révolutionnaire dont il fut investi.

« Pendant près de vingt années ces emblèmes furent respectés, mais en 1852, inspirés par un esprit d'intolérance outrée, ou obéissant à un fanatisme inconscient, les dépositaires d'un pouvoir ombrageux profanèrent la tombe du vieux proscrit et mutilèrent ces emblèmes.

« Après plusieurs tentatives infructueuses de restauration, il appartenait à la municipalité républicaine de ce jour, d'en prendre de nouveau l'initiative, et au gouvernement républicain de sanctionner sa décision.

« Ce devoir, nous nous en acquittons aujourd'hui, avec une satisfaction d'autant plus grande que des souvenirs personnels nous inspirent un profond respect pour la mémoire d'un de ces hommes dont on n'a voulu jusqu'ici que déplorer les excès, sans tenir compte des belles actions dictées par le plus ardent patriotisme et des provocations auxquelles ils furent en butte.

« Il est de mode encore, même parmi les amis de la liberté, de profiter des bienfaits de la Révolution en conspuant la mémoire des Révolutionnaires ; nous protestons ! Soyons sévères, mais soyons justes envers des hommes qui, au plus fort de la tourmente révolutionnaire, au milieu même de leurs regrettables excès, n'eurent jamais qu'un but :

« Sauver la Patrie, sauver la Liberté ! » (Applaudissements).

« Quant à nous, *républicains*, bénéficiaires des actes, du patriotisme, du dévouement poussé jusqu'à l'immolation, nous manquerions à tout devoir de reconnaissance si nous ne rendions hommage à ces révolutionnaires qui sacrifièrent tout, leur fortune, leur vie, et jusqu'à leur mémoire pour nous donner la liberté. » (Applaudissements répétés).

Ce discours, prononcé d'une voix énergique, vibrante, produit une profonde impression.

M. Victor Bonhommet lit des vers de sa composition qui sont fort applaudis, puis M. Rubillard gravit de nouveau l'estrade et donne lecture de la lettre suivante du vénérable sénateur M. Le Monnier.

« *Paris*, 21 *septembre* 1892.

« Cher collègue,

« Faites-moi, je vous prie, le plaisir de déposer demain, sur la tombe du grand citoyen Levasseur, une fleur en mon nom.

« Vive la République démocratique.

« A vous, merci.

« LE MONNIER.

« Donnez, si cela est possible, à mon cher ami Lecornué, un souvenir semblable. »

La musique joue le *Chant du départ*.

M. Léon Guyon, conseiller municipal, prend à son tour la parole :

« Citoyens,

« La lettre du sénateur Le Monnier, que vient de nous lire le maire du Mans, évoque le souvenir de l'un de nos concitoyens, Hippolyte Lecornué, qui fut, parmi ceux de la génération de 1830, un ardent adversaire de cette abominable monarchie constitutionnelle, laquelle, dirigée par M. Thiers, ne sut que faire massacrer sans merci, en 1832 et en 1834, la malheureuse population ouvrière de Lyon, réclamant le droit de vivre en travaillant, et les républicains de Paris, au Cloître-Saint-Merry et dans la rue Transnonain.

« Après la révolution de Juillet, nommé juge de paix d'un canton du Mans, Lecornué fut bientôt révoqué pour avoir manifesté trop ouvertement ses opinions républicaines. C'est alors qu'il fonda le *Courrier de la Sarthe,* dont la ligne de conduite valut à son fondateur de nombreux mois de prison. En 1834, Lecornué, Vénérable de la loge des *Moria Cénomans*, fut choisi par Levasseur comme son exécuteur testamentaire. En 1848, le gouvernement provisoire le nomma sous-commissaire de la République à Saint-Calais. Après le succès du guet-apens de décembre 1851, Lecornué, comme son ami le citoyen Le Monnier, fut transporté en Afrique. On ne lui accorda même pas quelques heures de sursis pour fermer les yeux de son fils qui mourait le jour même du départ de son père pour l'Afrique !...

« Notre concitoyen a donc droit à nos sympathies, puisqu'il a souffert pour la République.

« Je viens, en conséquence, proposer à mes collègues du Conseil municipal d'aller déposer, sur la tombe de ce respecté républicain, les fleurs envoyées par son ancien compagnon de transportation.

« Permettez-moi, citoyens, de rappeler un fait raconté par notre grand historien, Edgard Quinet :

« Gênevois, député de l'Isère à la Convention nationale, se sentant près de mourir, à Vevey, fit appeler son domestique : — Quand je serai mort, lui dit-il, et que les Bourbons auront été détrônés, tu viendras sur ma tombe et tu diras : Nous les avons chassés ! Mes os tressailliront de plaisir.

« Monarchie de droit divin, monarchie constitutionnelle sont à jamais disparues du sol français. Si les os de nos compatriotes Levasseur et Lecornué pouvaient encore tressaillir d'aise comme ceux du conventionnel Gênevois, ce serait certainement en nous entendant tous acclamer la République pour laquelle ils ont courageusement combattu et stoïquement souffert.

« Vive la République ! »

Un immense cri de : « Vive la République ! » sort de toutes les poitrines. On se rend à la tombe d'Hippolyte Lecornué, et on y dépose une fleur. M. Rubillard, neveu et gendre de Lecornué, remercie en quelques paroles émues, saluées par le cri répété de : « Vive la République ! »

Nous avons beaucoup de mal à sortir du cimetière, la foule monte toujours. Enfin, le cortège se forme de nouveau et se remet en marche par la rue de Beaulieu, place Saint-Germain, rue Montoise, rue Gambetta, place de la République, rue des Minimes, place Thiers, boulevard René-Levasseur — où la *Municipale* exécute la *Marseillaise* que tous écoutent tête nue, — rues Dumas, Marchande, Saint-Dominique, de la Comédie. A 11 heures 1/4 a lieu la rentrée à la Mairie.

Le Mans. — Assoc. ouvrière de l'imp. Drouin.

www.ingramcontent.com/pod-product-compliance
Ingram Content Group UK Ltd.
Pitfield, Milton Keynes, MK11 3LW, UK
UKHW012112240726
13965UKWH00004B/1711

9 782013 041263